Unidad 5

Mejorar nuestro mundo

Contenido

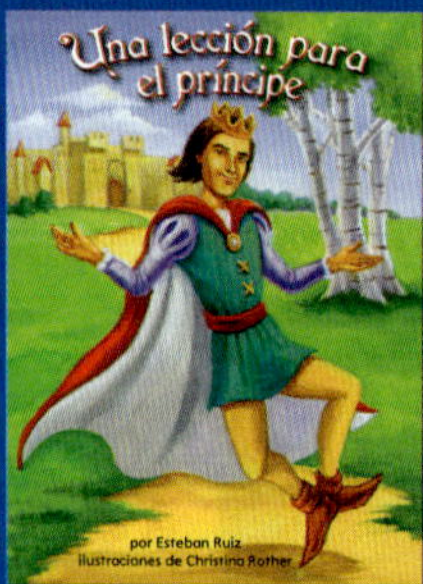
Una lección para el príncipe
por Esteban Ruiz
ilustraciones de Christina Rother

En el campo
por Silvia Garro
ilustraciones de Mary Uhles

¿Quién será capaz?
por Miriam Prado
ilustraciones de Brian Lies

Viaje en globo
por Silvia Garro
ilustraciones de Janet Montecalvo

SCHOOL BUS
Respetar las reglas
por Leslie A. Rotsky

Una lección para el príncipe

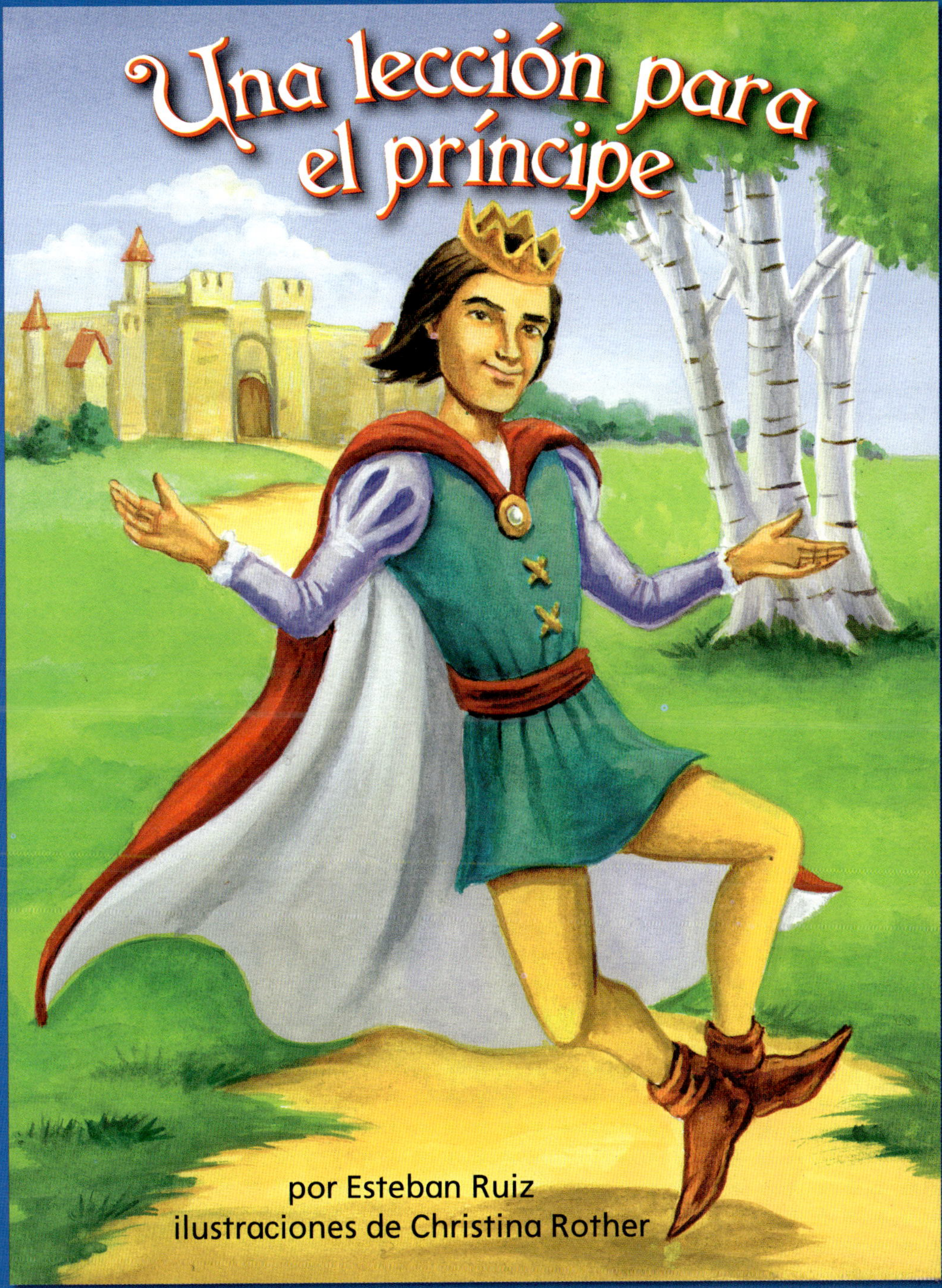

por Esteban Ruiz

ilustraciones de Christina Rother

Mis padres viven desde hace muchos años en este mismo castillo. Mi mamá es la reina, mi papá es el rey. Yo soy el príncipe. Nos gusta caminar junto al lago en tardes soleadas.

Hoy, mientras comía unas aceitunas, decidí organizar un paseo en carro por el bosque. Pero mi madre se enojó mucho:

—¿Un paseo en carro? ¡Por supuesto que no! —dijo—. Debes ser un ciudadano ejemplar.

—¡Pero, mamá! —le dije—. Soy un buen ciudadano. ¡Además, algún día seré el rey!

—¡Tienes veinte años! —dijo ella—. ¡Debes ser ejemplar!

En ese mismo momento, mi madre me llevó a la ventana.

—Mira la inmensidad de nuestro reino. Hay mucho por hacer. Para recorrerlo en carro, tardarías seis días. Si quieres caminar para recorrerlo, tardarás mucho más.

—Muy bien, madre. Trabajaré junto a ustedes para ayudar a organizar este reino.

—Hay mucho por hacer —añadió el príncipe—. Además, hay que cumplir con la ley. Por supuesto, asumiré con deleite la tarea de colaborar para que el reino de mis padres sea cada día mejor.

En el campo

por Silvia Garro
ilustraciones de Mary Uhles

María vivía en un campo muy lejano. Toda su familia trabajaba allí.

Sudaban mucho a causa del calor. Al mediodía, María hacía la comida y preparaba tortas y galletas.

Su esposo Raúl salía de cacería. Llevaba con él un perro de caza. El perro se debía ocupar de olfatear las presas. Recibía galletas como premio.

Luego, cenarían todos juntos. Pronto vendría el abuelo a visitarlos.

Mientras papá estaba de cacería, Darío y Sofía jugaban en el río.

Solían ocupar su tiempo buscando piedritas de color en forma de corazón.

Un día, el abuelo apareció en la entrada de la casa. Todos los corazones latían felices a causa de su llegada.

—¡Tu visita es un premio! —exclamó papá.

En tiempos de cosecha, la familia recogía el maíz. Luego, preparaban tortas y se divertían en el campo y en la entrada de la casa. ¡Eran felices porque se llevaban bien!

¿Quién será capaz?

por Miriam Prado
ilustraciones de Brian Lies

El ratón Arroz hizo una reunión. Quería hablar del gato feroz. Ese gato tenía mucha maldad.

Con amabilidad, Arroz invitó a los demás ratones a la reunión. Algunos llegaron en bote y otros en bicicleta.

—¿Qué podemos hacer con el gato feroz? —preguntó Arroz. Después se hundió en sus pensamientos.

Era un tema delicado.

—¿Alguno de ustedes demuestra interés y es veloz?

—¡Tengo un plan para el gato voraz! —dijo Arroz, mostrando interés—. ¿Quién tiene la habilidad de subirse a la bicicleta o al bote para ir y ponerle este cascabel de metal? ¿Quién será capaz?

La ratita Luz vio que los demás no respondían.

—Que nadie haya dicho ni una frase demuestra que en verdad es algo muy delicado —dijo.

Hundió el hocico en una taza de plástico y continuó tomando té.

Todos miraron sus tazas de plástico y el cascabel de metal. Todos sentían lo delicado del tema. Para decirlo en pocas palabras: buscaban felicidad y bienestar. Pero Luz se sintió inspirada por Arroz y pensó que sería capaz.

Viaje en globo

por Silvia Garro
ilustraciones de Janet Montecalvo

Hacía tiempo que Andrea quería dirigir un globo. Ahora creía que podría hacerlo. Adquirió práctica mediante un riguroso entrenamiento de varias semanas, incluso mediante una dieta a base de cereales.

Hacía poco que se había inventado el autobús. El padre de Andrea, que conducía una locomotora, no paraba de repetir que las consecuencias del autobús y del tren serían drásticas para el planeta.

Era difícil dirigir el globo. Andrea lo condujía bien porque llevaba la ropa adecuada y tenía práctica. A medida que ganaba altura, el frío era más crudo. Ni la ropa abrigaba ni los cereales eran suficientes.

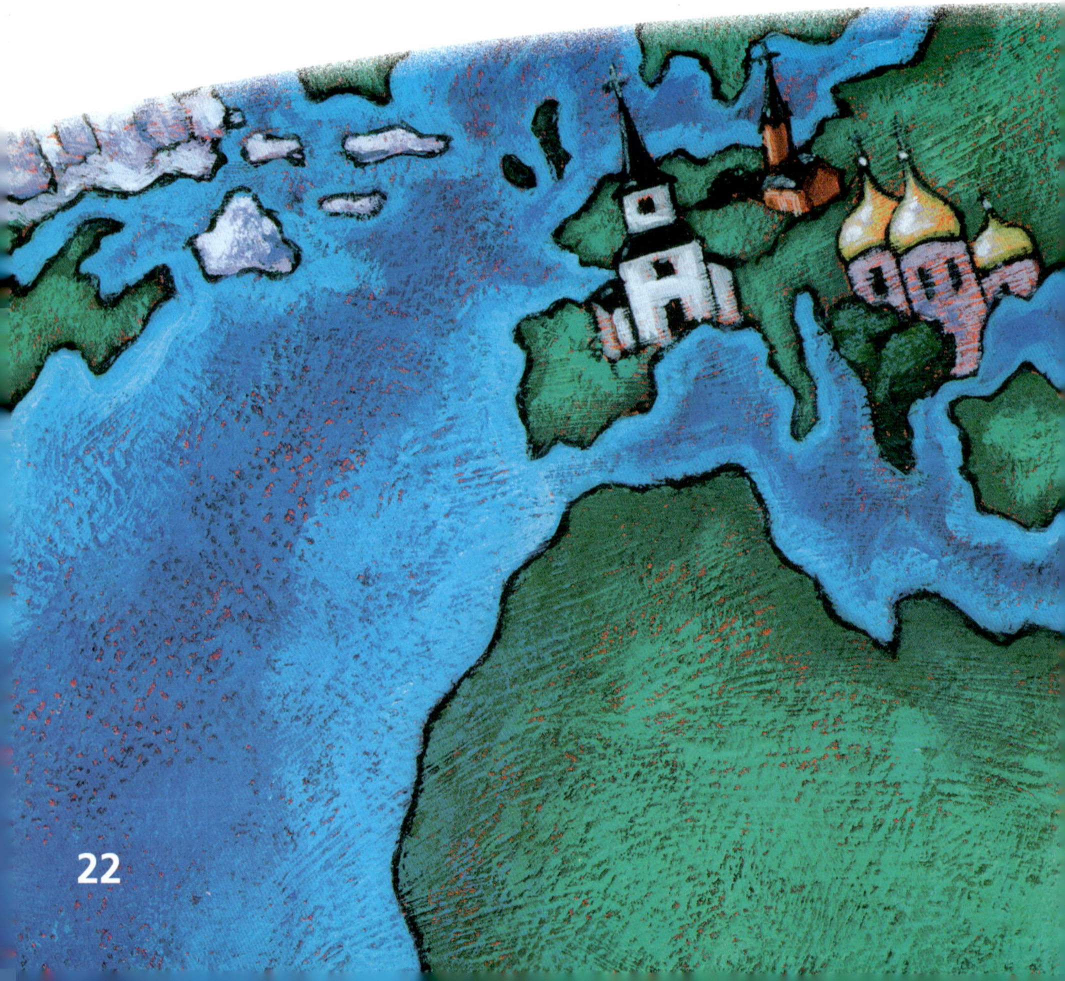

Desde arriba, Andrea veía los meandros, pero no las piedras. Sin embargo, no le parecía dramático. Andrea pensaba incluso en repetir el vuelo una semana más tarde. ¡Creía que podría!

Cuando regresó, le dieron un trofeo. Andrea había visto el planeta desde arriba y sabía que debía de ayudar a preservarlo. Una semana después creó un centro ecológico muy importante.

Respetar las reglas

por Leslie A. Rotsky

Seguramente todos coincidimos en que es importante respetar las reglas. Las leyes son como un freno y una brújula para guiar a los ciudadanos. También ayudan a recuperar la calma y a guardar una conducta sincera frente a situaciones que frecuentemente nos ponen a prueba.

Fancy Collection/SuperStock

Christopher Futcher/the Agency Collection/Getty Images

Los niños llevan frutas y bebidas a la escuela para el almuerzo. Deben tener cuidado de no cortarse con fragmentos de vidrio si un frasco se rompe. Pero eso no es todo: las reglas de higiene y de limpieza indican que hay que recoger los restos. Todos, incluso los niños, debemos ser responsables frente a las reglas.

(l) Blend Images/SuperStock, (r) Jamie Grill/Getty Images

En la escuela, los niños deben guardar silencio. Deben levantar la mano si quieren hablar en presencia del maestro. No deben juzgar a sus compañeros ni molestar a los demás. Los objetos son frágiles y deben de durar lo máximo posible, por eso hay que cuidarlos.

Kris Timken/Blend Images LLC

Los deportes también tienen sus reglas. El campo de juego debe estar limpio, porque si hubiera basura o algún vidrio, los niños podrían cortarse. Si hay alguien lastimado, es necesario recuperar la calma, comportarse fraternalmente y solicitar la presencia de un médico.

BananaStock/PunchStock

Todos coincidimos en que es muy divertido brincar y jugar con un balón. Pero la diversión puede durar poco si no respetamos los turnos. Seguramente nos pondremos de mal humor si nos hacen una broma. Para seguir jugando felices, será mejor no hacer trampas ni juzgar a los demás.

Los juegos de mesa también tienen sus reglas. Algunos son brillantes jugadores de ajedrez o de damas. Ese conocimiento es fruto de un gran entrenamiento.

Al limpiar el jardín, debemos recoger las hojas caídas de los árboles frondosos y colocarlas en el lugar adecuado. Seguramente conoces las reglas que indican lo que hacer con cada tipo de residuos.

Algunos residuos se pueden recuperar. Los ecologistas te guiarán frente a esta cuestión. Los envases plásticos, ya sean los que contienen dulces o bebidas, pueden ser reciclados.

Si respetamos las reglas, lograremos un mundo mejor y seremos más felices.

Monkey Business Images/the Agency Collection/Getty Images

Unidad 5: Mejorar nuestro mundo

Semana 1: Una lección para el príncipe *página 1*

para leer con *Una lección de mi abuela* **NÚMERO DE PALABRAS: 177**

PALABRAS LLANAS, DIPTONGOS AI, AY, EY, OI, OY

aceitunas, deleite, ley, reina (sus.), reino (sus.), rey, seis, soy, veinte

PALABRAS DE USO FRECUENTE

además, caminar, carro, junto (adv.), mamá, mismo, organizar, padres, paseo (sus.), supuesto

Semana 2: En el campo *página 7*

para leer con *Las palomas de la plaza* **NÚMERO DE PALABRAS: 148**

PALABRAS CON HIATOS CON ACENTO ORTOGRÁFICO

cacería, Darío, debía, divertían, latían, maíz, Raúl, río, solían, vivía

PALABRAS DE USO FRECUENTE

abuelo, causa, corazones, entrada, galletas, ocupar, papá, premio, su, tortas

Semana 3: ¿Quién será capaz? *página 13*

para leer con *César Chávez* **NÚMERO DE PALABRAS: 172**

PALABRAS QUE TERMINAN EN Z, S

algunos, Arroz, capaz, demás, feroz, interés, Luz, palabras, sus, veloz

PALABRAS DE USO FRECUENTE

bicicleta, bote, delicado, demás, demuestra, frase, hundió, interés, metal, plástico

Semana 4: Viaje en globo *página 19*

para leer con *El proyecto de arte* **NÚMERO DE PALABRAS: 159**

PALABRAS CON CR, DR

Andrea, creía, creó, crudo, dramático, drásticas, meandros, padre, piedras, podría

PALABRAS DE USO FRECUENTE

autobús, cereales, conducía, dirigir, incluso, mediante, práctica, repetir, ropa, semana

para leer con *Visita al pasado* **NÚMERO DE PALABRAS: 336**

PALABRAS CON BR, FR

brillantes, broma, brújula, frágiles, fragmentos, frasco, fraternalmente, freno, frondosos, frutas

PALABRAS DE USO FRECUENTE

bebidas, coincidimos, cortarse, durar, guardar, juzgar, presencia, recuperar, seguramente, vidrio

PALABRAS DE USO FRECUENTE APRENDIDAS HASTA LA FECHA

Grado K
al
con
dice
dónde
el
ella
en
es
está
este (adj)
familia
grande
gusta
hace
hago
hay
juego (v.)
la
más
mira
muy
nuevo
para
pequeño
pero
por
puedo
qué
quién
sin
soy
también
tengo
tiene
un
vamos
veo
voy
y
yo

Grado 1
abrir
aceptar
actividad
agua
ahí
aire
algunos
allá
ambos
amigo
años
aprender
aquí
aspecto
atrás
aunque
ayuda
baja
bien
blanco
bueno
camino
campo
cantar
carácter
casa
casi
cerca
ciudad
clase
color
comer
como
completo
correr
crear
cualquier
cuando
cuanto
cuatro
cuerpo
cumplir
decidieron
dentro
después
diez
diferente
difícil
doctor
dos
durante
edad
embargo
empezar
encima
encontrar
entonces
entre
escribe
escuchar
escuela
esfuerzo
estoy
estudio (sust.)
existen
explicar
flores
frente
grupo
gusto
hablar
habrá
hacia
hoy
iguales
importante
juguemos
juntos
larga
lector
libertad
libro
llamar
lograr
luego
luz
madre
maestro
manera
mañana
mejor
mientras
mover
muchos
muestro
nada
nadie
niño
nombre
nuestro
obra
obtener
ocho
ofrece
otro
padre
palabra
pan
parque
piensa
podrás
porque
pregunta
presentar
primero
principal
principio
problema
pronto
propio
proponer
próximo
pueblo
puede
pues
que (cj.)
quien
quiere
quiero
quizá
reunir
río
saltar
saluda
seguir
siempre
siglo
sobre
sube
suelo
tampoco
tan
tiempo
tierra
todavía
todo
trabajo
trae
través
tres
varios
vez
vieja
vivir
voz
ya

Grado 2
abajo
abuelo
acabó
adelante
además
ahora
alas
alegría,
algo
algún
alimento
allí
alto
aman
ancho
andará
animales
apenas
arrojar
artista
atención
atraviesa
autobús
aves
azul
bajo
bebidas
bella
bicicleta
bote
busca
cabeza
cada
cae
caer
calle
calor
caminar
canto (sus.)
cargan
carrera
carro
causa
centro
cereales
cerrada
cielo
cierra
clara (adj.)
coincidimos
coloca
comienzan
conducía
conocer
construyen
contra
corazones
cortarse
cosas
costa
de (prep.)
delicado
demás
demasiado
demuestra
desayuno
desde
desea
desierto (sus.)
despierta (v.)
día
dificultad
directo
dirigir
disfrutar
distintos
dulce
dura
durar
echa
empleados
entera
entrada
enviaré
escritor
eso
especial
espera (v.)
espléndido
estrellas
evita
felices
fiesta
formar
frase
fresca
fría
fruta
fuego
galletas
gente
guardar
hambre
hermana
hija
hizo
hojas
horas
huevos
hundió
imposible
incluso
interés
jamás
joven
jugando
junto (adv.)
juzgar
labios
lado
le (pron.)
leen
levantar
lleno
llevan
lo (pron.)
luchan
maíz
mamá
manos
mantendrán
manzanas
mayor
mayoría
mediante
médicos
menores
menos
mensaje
mesa
metal
mezclar
miel
mil
mismo
modos (sus.)
montañas
mujeres
negros
nieve
ninguno
no
noches
nosotros
o (conj.)
ocupar
ojo
orden
organizar
oscuro
oye
padres

papá
papel
par
parece
pared
parte
pasa
paseo (sust.)
pasó
pastel
pena
pensó
peras
personas
pesado
piedra
piel
pies
pintar
plan
plantas
plástico
platos
plumas
pocas
ponen
posible
práctica
precioso
precioso
premio
presencia
profundo
profundo
prueba
prueba
público
puerta
punto
rápidamente
rato
recuperar
repetir
responder
rodea
rojo
ropa
rostro
saben
sale
salud
seguramente
seguro (adj.)
semana
sentimientos
señora
si (conj.)
siete
siguiente
silencio
sirven
sol
solito
sombra
su
suave
suele
sueño
suerte
supuesto
tarde
temo
terrible
tipo
toca
toman
tonos
tortas
trabajar
una (nº)
usar
ven (venir)
ventanas
verano
verdad
verde
vida
vidrio
visiten
volver

DESTREZAS DE DESCODIFICACIÓN ENSEÑADAS HASTA LA FECHA

Palabras con *m;* palabras con *p;* palabras con *t;* palabras con *l;* palabras con *s;* palabras con *d;* palabras con *n;* palabras con *v;* palabras con *b;* palabras con *f;* palabras con *rr;* palabras con *r* y sílabas cerradas con *r; palabras con h;* palabras con *ge, gi, j;* palabras con *ca, co, cu, k, que, qui;* palabras con *y, ñ;* palabras con *ch;* palabras con *ll, w;* palabras con *cl;* palabras con *cr;* palabras con *ga, go, gu, gue, gui;* palabras con *ce, ci, za, zo, zu;* diptongos *ai, au, ay, ei, eu, ey, oi, oy;* diptongos *ia, ie, io, iu, ua, ue, ui, uy;* palabras con *tr;* diéresis: *güe, güi;* palabras con *bl;* palabras con *br;* palabras con *pl;* palabras con *pr;* palabras con *i, x* como *j;* palabras con *mb, mp;* palabras con *nn, nm;* palabras con *x,* la *x* como *j;* palabras con *cc, x;* diptongos, hiatos naturales; palabras con hiatos con acento ortográfico*;* palabras que terminan en *z, s; palabras con dr;* palabras con *fr.*